André LE GLAY

UNE INTERVENTION EN CRÈTE

(1668-1669)

PARIS
HONORÉ CHAMPION, LIBRAIRE
9, Quai Voltaire.

1897.

André LE GLAY

UNE INTERVENTION EN CRÈTE

(1668-1669)

PARIS
HONORÉ CHAMPION, LIBRAIRE
9, Quai Voltaire.

1897.

Extrait de la *Revue d'Histoire Diplomatique*
(Numéro du 1er Avril 1897).

I

En 1644, après une paix de trente années, la guerre s'était rallumée entre la République de Venise et la Sublime-Porte. Cette lutte devait durer vingt-cinq ans.

Le Turc voulait enlever aux Vénitiens la possession de l'île de Candie. Le Sultan Sélim II avait été poussé, dit-on, à s'emparer de Chypre en 1570 parce qu'il en aimait le vin. L'Ottoman maintenant convoitait la Crète, afin de ruiner le commerce vénitien dans le Levant.

La République de Saint-Marc avait vengé à Lépante la prise de Chypre. Le Turc à son tour, désirait prendre sa revanche de Lépante, effacer le souvenir de don Juan d'Autriche, de Loredan et de Malipiero ; relever l'étendard du Prophète qui avait dû ployer devant le drapeau du Christ.

La résistance des Vénitiens, à Candie, fut longue. Aidée seulement de quelques volontaires étrangers, la République luttait, avec plus de constance que d'énergie, contre des forces supérieures. Peu à peu, les Turcs avaient envahi l'île entière ; seule la capitale, Candie, tenait bon. Et cependant, dix-sept ans après le commencement du siège, en 1662, les Vénitiens semblaient découragés. Pierre de Bonsy, évêque de Béziers, Ambassadeur de France auprès de la Sérénissime République, rendait compte de cette situation à Louis XIV. Il avait vu à Venise le Prince de Sulzbach, qui revenait de guerroyer à Candie, pour le compte de la République. Le prince était las de cette guerre, dans laquelle assiégeants et assiégés se tenaient respectivement sur la défensive, une vraie guerre d'ingénieurs, car, de part et d'autre, on s'épuisait en travaux habiles plutôt qu'en brillants faits d'armes.

Le Prince de Sulzbach n'avait jamais eu l'occasion de tirer l'épée. L'Ambassadeur ajoutait : « Les Turcs sont maîtres de toute « l'île et sont tous les jours aux portes de « la ville d'où il n'oseroit sortir un véni- « tien, et elle est si mal munie que si les « Turcs l'attaquoient elle ne pourroit pas « soutenir huit jours. »

Le Prince de Sulzbach avait fait part de ses impressions au Collège. Sept mille hommes se trouvaient à Candie ; si on lui en octroyait six mille de plus, il se faisait fort de chasser les Turcs. Mais les Vénitiens en étaient arrivés à ne plus chercher que des expédients. Un ingénieur anglais leur proposait une machine de son invention pour repousser l'armée du Sultan. Ils étudiaient cet engin avec grand soin et non sans dépense. « Comme si on prenoit encore « les places avec le cheval de Troye » écrivait l'ambassadeur de France (1).

Le Sultan Mahommed IV ne voulait pas entendre parler de paix, tant que la ville de Candie ne serait pas tombée en son pou-

(1) Bonsy au Roi. — Venise 23 Novembre et 16 Décembre 1662. — *Correspondance de Venise*. — (Archives du Ministère des Affaires Étrangères).

voir. Venise, dont la résistance faiblissait chaque jour, cherchait à intéresser les princes chrétiens à sa cause. Le Roi de France lui semblait un protecteur naturel. Ces Messieurs de la République (c'est sous cette dénomination que sont désignés, dans les dépêches diplomatiques, les membres du gouvernement vénitien) ne cachaient pas à l'ambassadeur de Louis XIV que leur unique espérance résidait désormais dans l'appui du Roi très chrétien, qui seul pouvait protéger Venise « la soutenir et la deffendre ». Bonsy répondait que son maître était animé des meilleures intentions à l'égard des Vénitiens (1). Ses instructions

(1) Bonsy au Roi. — Venise le 23 Décembre 1662. — *Correspondance de Venise.* — (Archives du Ministère des Affaires Étrangères).

ne lui permettaient pas de donner à la République autre chose que des paroles d'encouragement.

L'Europe, d'ailleurs, avait de plus sérieuses préoccupations. L'Ottoman devenait, de tous côtés, menaçant. Dès l'année 1661, tout en combattant contre Venise, les Turcs s'étaient jetés sur la Hongrie où ils essuyèrent d'importants revers. En 1663, Kœprilü II, Grand-Vizir de Mahommed IV, se mit à la tête d'une armée de 122,000 Turcs, 100,000 Tatars et 20,000 Kosaks, envahit de nouveau la Hongrie, dévasta la Moravie et la Silésie, et emmena 80,000 chrétiens en esclavage.

L'Empereur Léopold Ier se sentit menacé jusque dans Vienne.

Avec ses seules forces, il était impuissant à protéger l'Europe contre cette invasion.

Le Pape Alexandre VII considérait avec tristesse les dangers que le Turc faisait courir à la Chrétienté. Le Souverain Pontife en appela aux Princes Chrétiens, pour former une Sainte-Ligue contre l'Infidèle. Devant le péril, Louis XIV oublia un instant la politique traditionnelle de sa Maison, et, de suite, répondit à cet appel en promettant des secours à l'Empereur. Il lui proposa 60,000 hommes tant Français qu'auxiliaires. Mais Léopold, d'accord avec le Pape, n'en voulut accepter que 6,000 dans la crainte de voir le Roi de France prendre en Allemagne une situation prépondérante.

A Venise, on se réjouissait de voir que le Turc avait porté la guerre en Hongrie. La République espérait obtenir de son ennemi occupé ailleurs, une paix avantageuse, et conserver la Crète. Bonsy estimait que les Vénitiens se trompaient étrangement. Le Sultan convoitait l'île par dessus tout, et rien ne pouvait lui faire changer de dessein. (1).

Les Turcs, entièrement défaits par les armées coalisées auprès du Monastère de St-Gothard, le 1er Août 1664, signèrent, dix jours après, la paix avec l'Empereur. Louis XIV rappela ses soldats d'Allemagne.

(1) Bonsy au Roi. — Venise 25 Août et 13 Octobre 1663. — *Correspondance de Venise.* — (Archives du Ministère des Affaires Étrangères.)

Léopold, qui devait en grande partie la victoire aux troupes françaises, ne leur eut aucune reconnaissance; il affecta même de reporter tout l'honneur sur l'armée impériale. Blessé dans son amour-propre, Louis XIV, conçut alors la pensée d'une croisade personnelle, afin de revendiquer pour lui seul le titre « de fils aîné de l'Eglise » qui lui était cher. Les expéditions de Djidjelli (1664), de Tunis et d'Alger (1665), naquirent de cette idée.

La paix de 1666 ne rétablit pas les bonnes relations entre la Turquie et la France. L'Ambassadeur du Roi, Denis de La Haye, fut maltraité à Constantinople. Il y avait des volontaires français dans les rangs des Vénitiens à Candie. Le Sultan ne pouvait pardonner cela à Louis XIV.

II

Le Marquis de Ville, Lieutenant-Général des armées de Sa Majesté Chrétienne, à Turin, avait obtenu de Louis XIV la permission de servir pour le compte de Venise.

De 1665 à 1668, il combattit contre les Turcs à Candie avec le titre de Général des Armées de la République, grade qui dans la hiérarchie militaire de Venise, venait immédiatement après celui de généralissime (1).

Après ces années de luttes stériles, le Marquis de Ville revint à Venise. La République avait déjà appelé pour le remplacer, un capitaine français, Alexandre

(1) François Savinien d'Alquié. — *Les Mémoires du voyage de M. le Marquis de Ville au Levant ou Histoire curieuse du siège de Candie.* — Amsterdam 1671.

Du Puy de Montbrun, Marquis de Saint-André, appartenant à une illustre famille du Dauphiné.

En arrivant à Venise, St-André-Montbrun, rencontra le Marquis de Ville. Celui-ci avait laissé Candie dans une situation fort précaire. Les Turcs secondés par d'habiles ingénieurs avaient entouré la ville de travaux qui dénotaient chez eux une véritable supériorité dans l'art militaire. Pour ne pas décourager leur nouveau général, ces Messieurs de Venise avaient recommandé au Marquis de Ville de ne pas faire connaître la véritable situation à St-André-Montbrun. Celui-ci, d'ailleurs, fut très choyé avant son départ. On donna une fête sur l'eau en son honneur.

Le 21 Juin 1668, St-André-Montbrun en arrivant à Candie avec soixante huit officiers français volontaires, trouva la situation fort critique, et non point telle que le Marquis de Ville la lui avait dépeinte. Mais, sans perdre courage, il se mit de suite à l'œuvre, payant de sa personne, bravant tous les dangers. Sa conduite força l'admiration des Vénitiens, et Morosini, le généralissime de la République, ne put un jour s'empêcher de s'écrier, devant ses soldats : « Avouons « que notre général est un des plus braves « et des plus habiles hommes du monde et « qu'il en sait plus que nous ! » (1)

(1) Abbé Mervesin. — *Histoire du Marquis de Saint-André-Montbrun, Capitaine général des armées du Roy et Général des Armées de terre de la République de Venise.*— Paris 1698.

Les secours que les volontaires français apportaient à Candie impressionnaient vivement les Turcs.

A Constantinople, des séditions populaires éclataient, au sujet de la crainte qu'on avait de voir l'île rester définitivement au pouvoir de Venise. Voici ce que porte une relation qui se trouve dans les archives du Ministère des Affaires Étrangères (1) :
« Cette nuit est arrivé (à Candie) un
» homme de Constantinople avec les amis,
» qui disoit que le peuple s'est voulu
» souslever, et que pour l'appaiser l'on fit
» voir un homme comme s'il venoit de
» Candie,. qui portoit la nouvelle de la

(1) *Correspondance de Venise.* (Année 1668).— Archives du Ministère des Affaires Étrangères.

» prize de cette place, mais que du depuis, » quand ils ont sceu le contraire ils se » sont plus mutinés que jamais. »

Le Sultan, pour se rendre maître enfin de la Crête, rassemblait toutes ses forces, Il allait à Salonique avec 20.000 hommes, ordonnait à son Grand-Vizir de venir le rejoindre, et voulait lui faire couper la tête, « Mais le Vizir n'y veut pas aller et s'em- » peschera qu'on ne lui fasse une telle » civilité. »

Le 17 octobre, dans une sortie, St-André-Montbrun fut blessé par une balle de mousquet dans la région de l'épaule et du cou. On craignit que le larynx ne fut atteint, et que cette blessure ne devînt mortelle.

Le général rassura son monde. « Je « n'en mourrai pas, dit-il en se mettant le » doigt dans la bouche, je sens que je n'ai » pas le gosier percé » (1)

Cette résistance acharnée de Candie, qui, à la longue, devenait héroïque, et prenait un caractère de guerre religieuse, impressionna l'Europe chrétienne. En France, où les esprits s'enthousiasment pour toutes les idées généreuses, un véritable mouvement d'opinion publique se manifesta en faveur des Vénitiens. L'idée d'une croisade contre l'Infidèle rencontra des adeptes jusqu'au milieu de la Cour, et si le Roi ne se montrait pas encore disposé

(1) Abbé Mervesin. — Loc. cit.

à donner officiellement des secours à la République, il ne lui déplaisait pas de voir l'initiative privée s'engager dans cette voie. Aussi quand le Duc de la Feuillade, (1) qui avait brillamment servi dans la guerre de Hongrie, demanda à Louis XIV la permission de lever des volontaires pour aller au secours de Candie, sa requête fut-elle accueillie avec faveur. Bientôt, toute une jeune et généreuse noblesse, avide de gloire, enthousiasmée par l'idée de combattre au nom de la religion, répondit à l'appel de la Feuillade. Parmi ces gentilshommes, quelques-uns por-

(1) François, Vicomte d'Aubusson, Duc de la Feuillade et de Roannez, né vers 1625, mort à Paris en 1691. Il fut créé Maréchal de France en 1675.

taient les plus beaux noms de France : le Comte de St-Paul, fils du Duc de Longueville ; Château-Thierry, neveu du Maréchal de Turenne ; le Duc de Caderousse, les marquis de Villemort, de la Motte-Fénelon, de Tavanes, ce dernier avec son frère, le Comte de Beaumont, un enfant de seize ans. Ils étaient six cents volontaires, tous animés du zèle des pieux croisés d'autrefois.

Le rendez-vous fut fixé à Toulon. Le 20 Septembre 1668 l'embarquement eut lieu, et le 25 la flotille leva l'ancre.

La Feuillade et ses volontaires s'arrêtèrent d'abord à Malte où ils séjournèrent pendant quatre jours. Le Grand-Maître de l'ordre les passa en revue et leur fit une harangue pour les encourager dans leur généreuse entreprise.

Le 1er Novembre, ils mouillèrent à l'île de Standie, située à cinq milles de Candie. Le 2 dans la soirée, ils s'embarquèrent dans des felouques et gagnèrent la ville à la faveur de la nuit, mais non sans essuyer quelques coups de canon des Turcs. Ils débarquèrent cependant sains et saufs, et furent reçus avec joie par les malheureux assiégés. Dans le même temps, Latour-Maubourg arrivait de Malte avec quelques petits secours.

St-André-Montbrun était encore au lit souffrant de sa blessure ; la Feuillade le vit et se concerta avec lui ; il fallait agir avec prudence pour ne pas exposer inutilement cette petite armée. Mais La Feuillade avait peine à contenir ses jeunes et fougueux volontaires. Lui-même brûlait d'engager l'action. Les Vénitiens, soit par découragement, soit par inertie, temporisaient, promettant d'unir leurs forces aux Français puis reculant, au moment d'agir.

La Feuillade tenta une sortie qui ne produisit aucun résultat. Des dissentiments éclataient parmi les assiégiés. Les conseils que présidait Morosini s'éternisaient en discussions stériles. Enfin il fut décidé qu'une sortie générale aurait lieu le 16 Décembre à la pointe du jour; mais au moment de l'effectuer, les Français se trouvèrent presque seuls.

La veille, les volontaires se préparèrent

au combat en priant. Ils se confessèrent. et à une heure du matin ils assistèrent à une messe célébrée pour le succès de l'entreprise.

Comme le jour se levait, ils sortirent de la ville, en rampant pour surprendre les Turcs. Un capucin, le Père Paul, exhortait les combattants.

La mélée fut effroyable ; les Français écrasés par le nombre se trouvèrent bientôt enserrés de toutes parts. A leur tête, le religieux, un crucifix en main, les entraînait au nom du Christ, leur faisant entrevoir l'auréole du martyre en récompense du sacrifice de leur vie ; « et dans cette » pensée nous étions ravis » s'écrie l'un des volontaires dans son journal (1).

(1) *Journal de l'Expédition de M. de La Feuillade pour le secours de Candie.* — Par un Volontaire. — Lyon 1670.

Tavanes, la tête fracassée d'une balle, tomba aux pieds de son jeune frère le Comte de Beaumont. Celui-ci, déjà entouré de morts, cria à ses gens qu'on prit soin du corps de son frère, et qu'on le portât dans la ville. Puis il continua le combat. La Feuillade se trouvait partout, superbe dans sa bravoure, dédaignant les grenades qui pleuvaient autour de lui, n'ayant plus que sa cravache en main pour se défendre, exposant sa personne afin de rallier ses volontaires et de sauver ce qu'il en restait encore. Le capucin continuait à entraîner les chrétiens, leur montrant le ciel dans sa farouche exaltation religieuse. Tous voulaient mourir, puisqu'ils ne pouvaient vaincre. La Feuillade commanda au moine de cesser ses exhortations, le blâma avec sévérité, et fit sonner la retraite. Mais ses volontaires s'acharnaient dans une lutte désespérée, et ce fut à grand peine qu'il parvint à les rassembler et à les ramener dans la ville.

Sur six cents gentilshommes français partis au combat, deux cent trente seulement revinrent; et, sur ce nombre, il y avait cinquante blessés qui, pour la plupart, succombèrent. (1)

La Feuillade, impuissant à sauver Candie, s'embarqua le 4 Janvier 1669, et revint en France avec les débris de sa vaillante troupe. Les volontaires français

(1) *Journal de l'Expédition de M. de la Feuillade pour le secours de Candie.*— Par un Volontaire. — Lyon 1670.

ne purent rendre qu'un seul service aux Vénitiens : leur montrer comment on se bat et comment on meurt.

III

Au mois d'octobre 1668, Louis XIV songea à nommer un titulaire à l'Ambassade de France à Venise qui était restée longtemps vacante après le départ de Bonsy. Le Roi choisit pour cette mission St-André, parent de St-André-Montbrun, et Président au Parlement du Dauphiné.

Les instructions remises au nouvel Ambassadeur étaient datées de Chambord, le 4 octobre 1668. Le Président St-André arriva à Venise le 6 décembre et, deux mois après, il fit son entrée solennelle.

La coutume était que les Ambassadeurs nommés auprès de la Sérénissime République, restassent incognito un laps de temps assez long, avant d'être officiellement reçus par le Doge.

Le 7 Février 1669, jour fixé pour l'audience ducale, le Président St André fut conduit en grande pompe à l'île du St-Esprit. Le Doge avait désigné, pour servir de Chevalier à l'Ambassadeur du Roi de France, l'un des personnages les plus importants de la République : Morosini ancien Ambassadeur en France et en Angleterre, Inquisiteur d'État, Chef du Conseil des Dix et frère du généralissime qui commandait à Candie. Le Président Saint-André remit sa lettre de créance à Sa Sérénité.

Dans la salle d'audience se trouvaient réunis les nobles, les sénateurs, les gentilshommes et les Ambassadeurs étrangers avec leurs femmes; selon l'usage de Venise tous ces personnages étaient masqués.

Le 9 Février, le Président St-André fut reçu par le Collège en audience publique. L'office, ou discours qu'il prononça débutait ainsi : « Je ne pouvois pas commencer » les fonctions de mon ministère avec plus » de satisfaction pour moy qu'en vous disant » que j'ay des ordres nouveaux et précis de » Sa Majesté, de vous asseurer de sa part » qu'elle travaille présentement à faire des » efforts très considérables ce printemps » pour vous donner moyen par ses assistan- » ces de sauver l'importante place que vous

» défendez depuis si longtemps avec tant » de vigueur et de réputation ». (1)

Le Pape Clément IX, en montant sur le trône pontifical, avait repris la pensée de cette Sainte-Ligue contre les Turcs qu'avait eue Alexandre VII avant de mourir. Le Saint-Père obtint de tous les Princes chrétiens la promesse d'envoyer des secours pour délivrer Candie. Louis XIV, l'Empereur, l'Électeur de Bavière, les Ducs de Brunswick, de Lunebourg, de Modène et de Savoie, l'Évêque de Strasbourg, tous promirent leur concours, mais au dernier moment il y eut bien des défaillances.

(1) Office du Président Saint-André au Collège. Venise le 9 Février 1669. — *Correspondance de Venise.* (Archives du Ministère des Affaires Étrangères).

Pourtant le Pape prêcha d'exemple, et envoya des troupes à Candie sous les ordres de son neveu Don Vincenzo Rospigliosi, qui n'eut qu'un rôle effacé.

La situation de Candie devenait chaque jour plus critique. Tout ce que les assiégés pouvaient faire, écrivait St-André-Montbrun à Louis XIV, était de tenir les Turcs en respect, assez longtemps pour permettre aux secours étrangers d'arriver. L'annonce de l'envoi de troupes françaises avait réjoui les Candiotes.

A la suite de cette longue guerre, la misère était grande, et le Général donnait au Roi de curieux détails sur l'état des esprits dans l'île.

» Mais comme nous sommes en lieu ou

» chacun dit librement son sentiment, et
» qu'il y a des gentilshommes dans ce
» royaume qui estoient fort riches avant
» cette guerre, et qui depuis 25 ans sont
» obligés de vivre avec toute leur famille
» d'une petite pension que la République
» leur donne, ils souhaitteroient que cette
» affaire se terminât ou par un biais ou par
» l'autre, faisant peu de différence d'estre
» soubs la domination des Turcs ou des
» Vénitiens. La pluspart des nobles Véni-
» tiens qui sont ici sans charge, sont suc-
» cesseurs de ceux qui n'ayant pas de quoi
» vivre à Venise, la République les envoya
» en Candie, où ils se sont faits riches,
» tyrannisant les peuples de quoi chacun
» convient, ce qui a esté en partie cause de

» la guerre. Ceux-ci voudroient que la » guerre continuast pour rentrer dans leurs » biens, et disent que ce secours est suffi- » sant pour cela ; les autres en doutent et » disent, pour leurs raisons, qu'un secours » médiocre est inutile » (1).

En apprenant que Louis XIV se disposait à faire passer des secours en Crète, les Turcs se montrèrent plus que jamais résolus dans leur entreprise. Le Sultan expédia de nouveaux renforts. Le Grand-Vizir se rendit lui-même dans l'île. Mahommed IV, qui quelque temps auparavant, voulait lui faire couper la tête, le comblait maintenant

(1) St-Andre-Montbrun au Roi. — Candie le 22 Avril 1669. — *Correspondance de Venise*. — (Archives du Ministère des Affaires Étrangères).

de ses bienfaits. Il lui adressa de nombreux présents accompagnés, comme suprême honneur, du sabre et de la veste (1).

Les Vénitiens, dans le but de ne pas décourager la bonne volonté des Princes chrétiens disposés à leur donner des secours, ne laissaient pas publier les nouvelles alarmantes et vraies qui arrivaient de Candie. Le Collège interceptait tout ce qui était de nature à donner une notion exacte de la situation. Le Président Saint-André put parfaitement se rendre compte de cette intolérance poussée jusqu'aux plus extrêmes limites. Deux *citadins*

(1) *Correspondance de Venise*, 4 Mai 1669.— (Archives du Ministère des Affaires Étrangères).

avaient été mis dans des cachots, pour s'être permis de colporter de mauvaises nouvelles (1).

Mais cette duplicité n'impressionna pas Louis XIV. Il avait promis des secours à la République, et quelles que dussent être les conséquences de cette promesse, il la tiendrait.

Au printemps de l'année 1669, l'expédition s'organisa et, vers le commencement du mois de Juin, les troupes, composées de 7,429 hommes pour l'armée de terre, étaient prêtes à se mettre en route. Elles

(1) Le Président St-André à Lionne. — Venise, 20 Janvier 1669. — *Correspondance de Venise.* — (Archives du Ministère des Affaires Etrangères).

furent placées sous le commandement du Duc de Navailles. (1).

---

(1) Philippe de Montaud de Benac, Duc de Navailles, fut créé Maréchal de France en 1675. Il mourut en 1684. Quoique protestant, il avait débuté par être page de Richelieu. Avant de quitter le service du cardinal, il se convertit, et une grande partie de sa famille abjura en même temps que lui.

IV

Au moment où La Feuillade se disposait à partir avec ses volontaires pour Candie, Navailles avait demandé à Louis XIV la permission de former un régiment de deux mille hommes pour le même dessein. Le Roi la lui refusa. Mais lorsque sollicité par le pape, Louis XIV résolut d'envoyer des secours aux Vénitiens, Navailles se trouva désigné pour commander le corps expéditionnaire (1).

Cette entreprise, qui n'était en somme qu'une guerre de sentiment, sans aucun

(1) Mémoires du Duc de Navailles. — A Amsterdam, chez Jean Malherbe, 1702.

but politique, sous la seule étiquette religieuse, exaltait l'enthousiasme des officiers et des soldats. Le malheureux exemple de La Feuillade et de ses volontaires ne les décourageait pas. « On n'a jamais vu de » plus belles troupes, ny des gens qui » aillent avec plus de résolution » dit une relation de l'embarquement de l'armée française à Toulon.

Navailles avait sous ses ordres, comme officiers supérieurs : Le Bret, Lieutenant-Général ; Colbert, Comte de Malevrier, Maréchal de Camp ; le Marquis de Choiseul, Brigadier de cavalerie ; de Castelan, Brigadier de l'infanterie détachée de la maison du Roi ; de Dampierre, Brigadier de l'infanterie.

L'escadre était sous le commandement de François de Vendôme, duc de Beaufort, Grand Amiral de France (1).

L'embarquement des troupes s'effectua le lundi 3 juin 1669. Avant de monter à bord, Navailles se rendit chez l'évêque de Toulon et lui demanda sa bénédiction à genoux. Puis, il pria le prélat « de vouloir « aller à la grande église et de donner la « bénédiction du Très Saint Sacrement à « tout son monde ; il y fut, et vêtu pontifi- « calement, au son de toutes les cloches, il « la donna, après quoy, M, le duc de « Navailles protesta tout haut devant le

(1) Fils de César, Duc de Vendôme et de Beaufort, Grand-Maître et Surintendant général de la Navigation et du Commerce de France.

« Saint Sacrement que luy et toute sa « troupe n'allaient à cette guerre que pure- « ment pour la gloire de Dieu, l'honneur « de l'Église et le service du Roi. Il pria ce « prélat de faire dire des prières pour l'heu- « reux succès de cette expédition et afin de « contribuer quelque chose de son côté « pour obtenir le secours du ciel, il présenta « à cet évêque une bourse où il y avait « mille louys d'or, le priant d'employer « cette somme en des aumônes et autres « bonnes œuvres à sa disposition. Cela ne « se passa pas sans larmes de consolation ». La foule assistant à l'embarquement des troupes ne manifestait pas moins d'enthousiasme. Officiers et soldats étaient, disait-on, « des hommes véritablement aposto- « liques (1) ».

Le mercredi matin, 5 Juin, l'escadre leva l'ancre. Les navires regorgeaient de monde et tous les volontaires qui avaient demandé à faire partie de l'expédition ne purent être embarqués faute de place.

La flotille française avait pris la route d'Italie, pour se joindre aux galères du Pape et de Malte qui se rendaient aussi au secours des Vénitiens. Il y avait soixante vaisseaux armés et nombre de petits bâtiments. A mesure qu'on approchait de

(1) *Relation de l'embarquement de l'armée navale française, allant au secours de Candie.* — Aix le 8 Juin 1669. — Manuscrit de la Bibliothèque Nationale. — Fonds Italien n° 385

l'île, l'enthousiasme des *croisés* augmentait. Il leur semblait que Dieu bénissait l'expédition. Un vent favorable ne cessa de souffler; après quinze jours d'une traversée heureuse, la flotte chrétienne jeta l'ancre devant Candie. C'était le 19 Juin 1669.

La joie fut grande parmi les assiégés à la vue de cet important secours. Ils témoignèrent leur allégresse en tirant de nombreuses salves de mousqueterie. Les Français répondirent aux saluts des Vénitiens. Durant toute la nuit, les vaisseaux alliés firent parler la poudre sans discontinuer, à tel point « qu'ils sembloient avoir

« dessin de chasser les Turcs de leur grand » bruit » (1).

Morosini envoya sans retard Castillan, ingénieur à sa suite, complimenter Navailles et Beaufort, en leur faisant part de l'extrémité à laquelle la place se trouvait réduite. St-André-Montbrun écrivait en même temps à Navailles pour lui demander un renfort immédiat de trois mille hommes.

Accompagné de Le Bret, Navailles se rendit aussitôt à terre afin de reconnaître les positions ennemies et de prendre les me-

(1) *Journal du Siège de Candie.* — Manuscrit de la Bibliothèque Nationale — Fonds Français, N° 7890. — A la fin du manuscrit on lit cette mention :

« Cette relation a été écrite par Mackay, et quoy qu'elle » soit en très méchant françois, elle est cependant vérit» table. »

sures nécessaires. Sa première visite fut pour St-André-Montbrun, puis ils se rendirent ensemble chez Morosini. La ville se trouvait dans un triste état. Elle était « labourée du canon et il n'y avait plus une « maison entière (1) ».

Le résultat des conférences fut qu'il fallait attaquer les Turcs au bastion de la Sablonnière plutôt qu'au bastion de St-André. Au surplus, leurs batteries de la Sablonnière ne cessaient de tirer dans la direction du port, ce qui rendait l'entrée et la sortie des felouques fort dangereuses. Mais, pour effectuer cette attaque, on ne devait

(1) Le Président St-André au Roi. — Venise, 17 Août 1669.— *Correspondance de Venise.* — (Archives du Ministère des Affaires Étrangères).

pas perdre un instant ; la cavalerie turque se trouvait disséminée dans l'île et il ne fallait pas lui laisser le temps de rallier la côte.

Beaufort fut de cet avis.

St-André-Montbrun nia avoir jamais été consulté au sujet de la réalisation de ce plan. Navailles affirma le contraire. Quoi qu'il en soit, ce dernier demanda à Morosini le nombre d'hommes qu'il pouvait lui fournir. Le généralissime vénitien dut avouer qu'il n'en avait que trois mille et encore sur ce contingent tous n'étaient-ils pas disponibles. La déception de Navailles fut profonde, car avant son départ l'Ambassadeur de Venise auprès de la Cour de France lui avait certifié que la garnison de

Candie se montait à douze mille hommes au moins. A partir de ce moment, Navailles comprit que le Roi et lui avaient été joués et que son entreprise ne pouvait avoir aucune chance de succès. Mais il était trop tard pour reculer. Morosini lui promit de faire, avec douze cents hommes, une diversion au bastion St-André pour tenir les Turcs occupés. Beaufort devait aider Navailles avec quinze cents marins, tandis que les vaisseaux canonneraient les retranchements ennemis.

La sortie projetée eut lieu dans la nuit du 24 au 25 juin. Le début fut heureux, Navailles put poursuivre les Turcs, jusqu'à leurs positions les plus élevées. La victoire semblait devoir rester à l'armée du Roi lorsqu'un accident vint jeter l'épouvante dans les rangs français et amener la déroute. Une explosion s'étant produite dans un magasin à poudre, les hommes de Navailles crurent qu'ils se trouvaient sur un terrain miné. Une effroyable panique s'en suivit. Le général essaya de ramener ses troupes. Il se mit lui-même à la tête des mousquetaires, s'élança au devant des ennemis qui enhardis et renforcés s'apprêtaient à culbuter les Français. Navailles fit enfin sonner la retraite, se voyant impuissant à rassembler ses soldats que la peur avait dispersés (1).

Beaufort fut tué dans cette malheureuse

(1) Mémoires du Duc de Navailles.

affaire, avec un grand nombre de jeunes gentilshommes. Son corps ne fut pas retrouvé, il dut, sans doute, être mutilé par les Turcs qui avaient l'habitude de décapiter les morts pour faire un trophée de têtes au Grand-Vizir.

On connaît toutes les légendes que fit naître cette disparition de Beaufort. L'une d'elles, la plus pittoresque peut-être, est celle du Masque de fer. On a prétendu que le mystérieux personnage était l'Amiral. Mais tous les documents relatifs au siège de Candie indiquent, d'une manière positive, que Beaufort fut tué dans la sortie de la Sablonnière. St-André-Montbrun et Navailles, pour ainsi dire témoins oculaires, ne contestent pas le fait.

D'ailleurs, Navailles écrivit, aussitôt après l'affaire, à l'Ambassadeur de France à Venise, pour lui faire part officiellement de la mort du Duc de Beaufort (1).

On retrouva un cadavre décapité gisant dans un fossé. A certains signalements, on supposa que ce devait être la dépouille de Beaufort, et l'on pensa que sa tête avait été portée au Grand-Vizir (2).

En apprenant la fin de l'Amiral français, le Sénat de Venise décida que les honneurs funèbres lui seraient rendus, et qu'on éri-

(1) Navailles au Président St-André. Candie le 2 Juillet 1669.— *Correspondance de Venise*.— (Archives du Ministère des Affaires Etrangères).

(2) St-André Montbrun. au Président St-André.— Candie le 1er Juillet 1669. — *Correspondance de Venise*. — (Archives du Ministère des Affaires Etrangères).

gerait une statue à sa mémoire, comme le pape avait résolu de le faire à Rome.

Quelques jours après la mort de Beaufort, le 6 Juillet, son frère le Cardinal de Vendôme mourait à son tour. Le Président St-André écrivait à ce sujet : » Les deux » frères se seront trouvés en l'autre monde » peut-être lorsqu'ils s'y attendoient le moins » de s'y voir. » (1)

Tous les princes chrétiens ne répondirent pas à l'appel du pape, comme le fit le Roi de France.

L'Empereur, notamment, avait promis un secours de trois mille hommes; il n'en

(1) Le Président St-André à Lionne. — Venise, le 17 Août 1669. — *Correspondance de Venise.* — (Archives du Ministère des Affaires Etrangères).

envoya que cinq ou six cents, et encore par fractions.

Les Vénitiens n'avaient plus d'argent. Ils durent emprunter cent mille ducats aux Juifs à un taux de 4 %. (1)

La position de Navailles à Candie n'était pas bonne. Il avait perdu son Amiral, un grand nombre de ses officiers et il se sentait entouré de la jalousie et du mauvais vouloir de ceux qu'il était venu secourir

---

(1) Le Président St-André à Lionne.— Venise, sans date. (du commencement de Juillet 1669, certainement).— *Correspondance de Venise.* — (Archives du Ministère des Affaires Etrangères).

V

Trois jours après la malheureuse sortie dans laquelle Beaufort avait été tué, Navailles et Morosini décidèrent d'en tenter une seconde. St-André-Montbrun la jugeait impraticable et, ne voulant pas en assumer la responsabilité, il quitta la salle où se tenait le Conseil.

La sortie s'effectua, mais elle ne servit qu'à faire tuer quelques Français de plus (1)

La prudence que conseillait St-André Montbrun ne provenait pas chez lui d'un manque de courage. Il avait fait ses

(1) St-André-Montbrun au Président St-André. — Candie le 1er Juillet 1669. — *Correspondance de Venise.* — (Archives du Ministère des Affaires Etrangères).

preuves et largement payé de sa personne. Selon l'expression de l'Ambassadeur de France à Venise, il était l'homme qui avait les idées les plus justes sur cette guerre. Le rôle des troupes auxiliaires n'était pas d'accomplir le gros de la besogne. Leur mission consistait à aider les Vénitiens; si ceux-ci ne consentaient pas à faire un sérieux effort par eux-mêmes, l'île de Crète était irrémédiablement perdue pour eux. Le Président St-André ne cessait de parler ainsi aux Messieurs du Sénat (1).

Malgré toutes les précautions qu'on prenait à Venise pour ne pas laisser divul-

(1) Le Président St-André au Roi. — Venise, 17 Août 1669.— *Correspondance de Venise.* — (Archives du Ministère des Affaires Etrangères).

guer les nouvelles vraies de Candie, notre Ambassadeur était au courant de tout. Il reçut une lettre de son parent par une voie détournée. La situation devenait de plus en plus critique. Le Président St-André se hâta d'adresser cette lettre à Lionne, Ministre des Affaires Étrangères. « Vous cognoistrez par ce qu'elle contient » le péril évident où sont nos troupes et » nos officiers de se faire tous tuer à » Candie, ou d'engager bien fort la répu- » tation des armes de Sa Majesté s'ils ne » sont secourus plus puissamment de la » République ou d'ailleurs. » Dans cette même dépêche, l'Ambassadeur mandait à Lionne une nouvelle qui circulait dans les milieux officiels. Messieurs du Sénat et

Messieurs les Sages avaient dit au Président St-André que le Roi de France avait laissé espérer à l'Ambassadeur de Venise l'envoi prochain à Candie de quelques vaisseaux qui se trouvaient sur les côtes de Provence. Le Doge lui-même en avait parlé au Président St-André. — « J'escoute tou-
» jours sur cette matière ne sachant pas si
» c'est une figure de réthorique de leur
» part ou une vérité et estant un secret pour
» moy duquel je ne désire rien scavoir
» s'il n'est pas à propos que j'en sache
» davantage. » (1)

(1) Le Président St-André à Lionne.— Venise, 17 Août 1669.— *Correspondance de Venise.* — (Archives du Ministère des Affaires Etrangères).

Par extraordinaire, il y avait quelque vérité dans ce que disaient les Vénitiens.

A Candie, la mésintelligence augmentait entre les chefs. Vers le milieu du mois de Juillet, les Turcs ayant tiré quelques coups de canon dans la direction de la flotte française, le feu prit à l'un des bâtiments nommé « *La Thérèse* ». Une explosion se produisit, les débris du navire tombèrent sur tous les vaisseaux environnants, les mettant en grand danger. Trois hommes seulement de *La Thérèse* purent se sauver. Le malheur s'acharnait sur l'armée française. Une petite sortie heureuse put consoler un peu Navailles; mais les résultats ne répondaient pas aux efforts tentés.

Dès le commencement du mois d'Août, Navailles vit que la cause était perdue ; les Turcs avaient reçu de nouveaux renforts. Le général français devait lutter, non seulement contre l'ennemi mais encore, et ce qui était plus grave, contre ses alliés. Morosini ne lui apportait aucune aide matérielle, et les éternelles discussions après lesquelles on ne se quittait jamais d'accord, jetaient le trouble dans les esprits. Navailles se demandait s'il avait le droit de sacrifier tous ses hommes jusqu'au dernier. Il craignait aussi que les vivres ne vinssent à manquer ; les provisions de la flotte s'épuisaient et il voyait l'impossibilité de se ravitailler dans une ville assiégée depuis vingt-cinq ans. Dès lors, devant une situation aussi périlleuse il pensa sérieusement à faire rembarquer ses troupes.

A Venise, ces Messieurs de la République ne cessaient de faire à l'Ambassadeur de France des protestations de reconnaissance pour les secours que Louis XIV avait envoyés à Candie. Sans le Roi, la place serait, depuis longtemps déjà, tombée entre les mains des Turcs. Si l'Empereur et le Roi d'Espagne n'avaient pas manqué à leurs promesses, les affaires de Crète ne se trouveraient pas dans un si pitoyable état (1).

Le Jeudi 5 Septembre dans la soirée, le

(1) Le Président St-André au Roi. — Venise le 29 Août 1669.— *Correspondance de Venise.* — (Archives du Ministère des Affaires Etrangères).

courrier de France apporta au Président St-André la nouvelle que le Roi se décidait à envoyer de nouveaux secours à Candie sous le commandement du Maréchal de Bellefonds. Le lendemain l'Ambassadeur communiquait cette nouvelle au Sénat qui la recevait avec une grande joie. Malgré les revers essuyés à Candie par les volontaires de La Feuillade et par les troupes de Navailles, Louis XIV était résolu à assister les Vénitiens jusqu'au bout.

Le Président St-André pensait toutefois que ce nouveau secours serait encore insuffisant, si la République ne se décidait pas à faire un effort suprême en hommes et en argent, ou si les princes chrétiens s'obstinaient dans leur égoïsme. Dans l'état des choses « quelque coup du ciel » ou une révolution—peu probable d'ailleurs—dans l'Empire Ottoman, pouvaient seuls sauver Candie. Et l'Ambassadeur de France ajoutait avec son style pittoresque :

« Des secours de trois ou quatre mille
» hommes peuvent bien prolonger la mala-
» die mais non pas guérir, c'est une potion
» de vin émétique ou une prise d'or potable
» qui redonne la parolle et les forces au
» pauvre malade pour quelques jours, mais
» enfin il faudra qu'il succombe à la force
» et à la violence du mal. Il n'y a point
» de mois qu'il ne meurre dans cette place
» plus de 3,000 hommes de coups et de
» maladies et Dieu veuille qu'en cette sai-
» son les raisins et les vins nouveaux de

» Candie et des Isles voisines n'en fassent » mourir davantage ».

Le Roi d'Espagne semblait se désintéresser de l'affaire. Il avait vingt-deux galères disponibles, et il ne lui était pas difficile de lever à Naples, en Sicile, et dans le Milanais, cinq ou six mille hommes. L'Ambassadeur de France ajoutait en outre :

« Il y a encore un expédient pour un « secours considérable à Messieurs de la « République qui ne leur couteroit que du « vent et de la fumée, c'est que s'ils vou- « loient donner à M. le Duc de Savoie le « titre d'Altesse Royale que le Roy lui donne, « je crois que ce Prince leur donnerait « 4,000 hommes entretenus en Candie « jusques à la fin de la guerre, et s'ils vou-

« loient donner aussy à la République de « Gennes, le titre de Sérénissime, elle leur « fourniroit de mesme 2,000 hommes « entretenus jusques à la fin de la guerre, « et leur presteroit deux millions à une cotte « modique. Ils sont si réservés qu'ils n'en « veulent pas ouïr parler, aucun d'eux « n'oseroit en faire la proposition dans le « Sénat. Le Duc de Savoie ny les Génois « n'en veulent pas faire la demande, les « Vénitiens n'en veulent pas aussy faire « l'offre, si sa Sainteté et le Roy s'en vou- « loient entremettre, peut-estre que la chose « pourroit réussir. Ces Messieurs cy ont « si grande répugnance à cet expédient « qu'il ne me seroit pas avantageux qu'ils « sceussent que j'en ay escrit; on ne laisse

« pourtant pas de se servir des remèdes « pour lesquels on a de l'aversion quand il « s'agit de sauver la vie. » (1)

Les nouveaux secours du Roi de France devenaient inutiles. Quand le Président St-André écrivait la joie des Vénitiens à l'annonce de l'envoi d'un renfort de troupes françaises et la façon dont la République pouvait obtenir en Italie aide et protection, moyennant quelques concessions d'amour-propre, on ne savait pas encore à Venise que Navailles avait quitté l'île ni que Morosini avait signé la paix avec le Grand-Vizir.

(1) Le Président St-André à Lionne.— Venise le 7 Septembre 1669.— *Correspondance de Venise.*— (Archives du Ministère des Affaires Étrangères).

VI

Lorsque Navailles fut bien convaincu que son armée n'avait plus rien à faire qu'à mourir inutilement, il résolut de partir. L'embarquement des troupes françaises eut lieu le 22 Août, (1) et les vaisseaux allèrent mouiller devant l'île de Standie.

(1) La veille même de l'embarquement de l'armée française à Candie, le 21 Août 1669, Lionne écrivait de St-Germain en Laye au Président St-André :

« Le Roy m'ordonne de faire scavoir à V. E. sur le » sujet du corps de troupes qu'il a dans la place de Can- » die, que comme S. M. en l'envoyant fit estat de le » laisser à la défense de la dite place en cas de nécessité, » jusqu'à l'entrée de l'hyver, S. M. nonobstant le grand » eschec qu'un malheur imprévu a voulu qu'il ayt souf- » fert dans sa première entreprise, préférant néantmoins » le bien de la Chrestienté et celuy du service et de » l'advantage de la Sérénissime République à tout autre

Le général laissa provisoirement à Candie cinq cents hommes sous le commandement de Choiseul, à condition qu'on ne placerait pas cette petite troupe dans les postes avancés.

Le départ de l'armée française causa aux Candiotes un profond désespoir, et les Turcs en profitèrent pour donner un vigoureux assaut à la ville de deux côtés différents, à la

» considération, persiste encore aujourd'huy dans sa » première résolution et ne retirera le dit corps que vers » le 20 ou 25 de Novembre, dont elle a cru à propos que » V. E. informast la République dès à présent tant pour » luy faire connaistre de plus en plus, combien S. M. » prend à cœur ses intérêts, qu'afin qu'elle ayt plus de » temps de pourvoir de bonne heure ou par elle-mesme » ou par les assistances aussi des autres princes et Poten- » tats, à supléer et à remplacer en ce temps là par d'autres » troupes la sortie de la place de ce qui y sera alors resté » des siennes. » — *Correspondance de Venise*. (Archives du Ministère des Affaires Etrangères).

Sablonnière et à la brèche St-André. Les Français de Choiseul se battirent avec énergie et infligèrent de grandes pertes à l'ennemi. Le général vénitien Bataglia, qui la veille avait tenu des propos offensants sur nos troupes, disant « que le prompt « départ des Français ressemblait plutôt à « une fuite qu'à une retraitte », fut un des premiers à complimenter Choiseul. Il « embrassa les officiers, fit porter du vin « aux soldats et donna de l'argent à ceux « qui s'estoient le plus signalés (1) »

Mais ce fut là le dernier effort de Candie contre les Turcs. Choiseul alla bientôt re-

(1) St-André-Montbrun au Président St André. — Candie, 29 Août 1669.— *Correspondance de Venise*. (Archives du Ministère des Affaires Étrangères).

joindre Navailles à Standie. La flotte française fit voile vers la France et Morosini qui avait les pleins pouvoirs de la République, signa la paix avec le Grand-Vizir, malgré l'avis de St-André-Montbrun qui voulait lutter encore ; mais le drapeau de la capitulation fut hissé sur les remparts à son insu.

Par cette paix, la République de Venise cédait à la Turquie l'île de Crète entièrement, sauf les forts de Carabusa, Suda et Spina-Lunga.

Le Grand Vizir fit, peu de temps après, son entrée à Candie. Pendant les huit jours qui précédèrent, la ville fut nettoyée et on enleva les morts qui encombraient les églises.

Le premier acte du Grand-Vizir fut de faire raser les églises ou de les transformer en écuries. Cinq des temples chrétiens furent cependant conservés, mais immédiatement érigés en mosquées. Il se montra magnanime « doux, bon et gracieux » (1). Il traita Morosini avec tous les égards et remplit d'or le chapeau du bourgeois qui lui présenta les clefs de la ville.

Lorsqu'on apprit à Venise le départ de Navailles, il y eut une explosion de colère contre les Français. En un instant, la reconnaissance qu'affectaient les Vénitiens se changea en récriminations acerbes et in-

(1) Lettre de Candie, 26 Septembre 1669.— *Correspondance de Venise.* (Archives du Ministère des Affaires Etrangères).

justes. Le Président St-André se hâta d'envoyer à Lionne le résumé de ce qu'il entendait dire sur la conduite de Navailles. « La réputation des armes de France a « grand besoin d'être rétablie dans l'estime » des étrangers. » (1).

La nouvelle de la capitulation de Candie accrut encore à Venise le sentiment de haine qui se manifestait contre les Français.

Le Président St-André dépeignit la situation à son ministre :

« Messieurs du Sénat ont tesmoigné une « grande surprise du départ de M. de « Navailles et de l'armée de France, mais

(1) Le Président St-André à Lionne. Venise le 23 Septembre 1669. — *Correspondance de Venise.* (Archives du Ministère des Affaires Etrangères).

« quoy qu'il ne m'aie pas escrit les raisons
« qui l'ont obligé à se retirer de la place de
« Candie, j'ay tasché de le justifier par
« toutes celles que j'ay pu prévoir sans
« néantmoins intéresser en rien la conduite
« du Capitaine général Morosini, ny de la
« République, en disant, et faisant publier
« qu'on ne devoit pas présumer qu'un capi-
« taine aussy vaillant, aussy sage, et aussy
« experimenté que luy eust voulu com-
« mettre la réputation des armes de son
« Roy, son honneur propre et sa fortune
« et qu'il falloit que la nécessité ou d'autres
« très puissantes considérations (dont on
« seroit éclairci avec le temps) luy eussent
« fait prendre cette résolution...............
« Je ne vous dissimuleray point que ces

« Messieurs cy paraissent estre dans la « dernière consternation ; ceux quy gou- » vernent sont dans un profond silence, » mais la noblesse qui n'entre pas dans les « conseils, les citadins, et le peuple parlent « avec une estrange liberté des françois, et « dans la rage et le désespoir où ils sont de « perdre un royaume avec l'espérance de le « ravoir jamais, ils s'en prennent à leurs « defenseurs, et à leurs protecteurs au lieu « de s'en prendre à eux-mesmes. Il a failly « à en arriver des inconveniens entre des « nobles de l'une et l'autre nation quy « auroient eu grand esclat, et de facheuses « suites, et j'ay cru qu'il estait à propos de « faire dire tout doucement aux Inquisiteurs « d'Estat, et aux sages Grands de prévenir

« ces maux et d'y mettr'ordre parcequ'à la
« première nouvelle qui viendra de Candie,
« ils n'auroient pas manqué (excités
« comm'ils sont par les partisans de la
« Maison d'Autriche, de parler encore plus
« indignement et injustement qu'ils n'ont
« fait. On en a mis quelques uns dans les
« cachots pour apprendre aux autres à se
« taire. Mais la faute de ces ingrats, et de
« ces inconsidérés ne doit pas préjudicier
« au Corps de la République qui est à
« plaindre, ny à ceux qui la gouvernent qui
« donnent tous les tesmoignages qu'ils
« peuvent de la recognoissance qu'ils ont
« des grâces que S.M. leur a faittes. Je me
« crois néantmoins obligé de vous escrire
« pour une troisième fois que si les choses

« en demeurent aux termes où elles sont, « S.M. est pour perdre le fruit de tant de « sang répandu, de tant de millions de- « pensez, de tant de fatigues, et de tant de « travaux, parcequ'en toutes choses et « particulièrement en la guerre, on consi- « dère les derniers actes, et la fin, et que la « plus part des hommes ne jugent que par « les événements. (1).

Néanmoins, le gouvernement vénitien témoigna officiellement sa reconnaissance vis-à-vis de la France, en faisant célébrer dans l'église ducale de St-Marc, un service funèbre en l'honneur du Duc de Beaufort.

(1) Le Président St-André à Lionne. — Venise le 5 Octobre 1669. — *Correspondance de Venise*. (Archives du Ministère des Affaires Étrangères).

Il ne manqua pas de faire publier une relation de cette cérémonie.

L'église était entièrement voilée de crèpe, avec des faisceaux d'armes sur les piliers. Un catafalque entouré de cinquante statues occupait le centre de la nef; le Doge assista au service entouré des Ambassadeurs, du Collège et du Sénat. Tous ces personnages étaient vêtus de deuil. « Ce qui ne se peut » exprimer, écrivait le Président St-André » estoit l'excellence de la musique. Je n'ay » jamais rien ouï de si charmant, ny de si » bien inventé pour le sujet; elle com- » mença par le son des trompettes et des » tambours et par de très beaux récits. Il » y avait plus de 150 voix, plus de 40 » violons et de toutes sortes d'instruments.»

Deux mille cierges éclairaient l'église. L'oraison funèbre du Duc de Beaufort fut prononcée par le Père Stefano Cosmo, Père Provincial de la congrégation des Pères Somasques. (1)

A Venise, on se préoccupait de faire publier une histoire du siège de Candie. Le Président St-André croyait qu'il serait peut-être opportun de confier « a de bonnes plumes françaises » la rédaction d'un ouvrage sur ce sujet, afin de prévenir les « impostures » que les Vénitiens ne

(1) Le Président St-André à Lionne.— Venise, le 5 Octobre 1669. — *Relation imprimée de la pompe funèbre du Duc de Beaufort.* — *Correspondance de Venise.* (Archives du Ministère des Affaires Etrangères).

manqueraient de répandre contre la France (1).

A son arrivée à Toulon, Navailles avait écrit à l'Ambassadeur de France à Venise une longue lettre où il indiquait les causes qui l'avaient forcé à quitter Candie. — Mais à son débarquement, le Roi lui donna l'ordre de se rendre dans ses terres. Quand il put expliquer sa conduite à Louis XIV, Navailles rentra en grâce et reparut à la Cour.

En allant au secours des Vénitiens à Candie, la France n'avait eu qu'une pensée sentimentale. L'entreprise, au surplus, était

(1) Le Président St-André à Lionne.— Venise, le 2 Novembre 1669. — *Correspondance de Venise.* (Archives du Ministère des Affaires Étrangères).

contraire à nos intérêts en Orient. Néanmoins, dans ce malheureux siège le sang français fut répandu sans compter, les volontaires et l'armée du Roi firent des prodiges de valeur, et retardèrent l'échéance fatale de la capitulation. En récompense du service rendu, les Français recueillirent l'ingratitude de ceux qu'ils avaient secourus !

www.ingramcontent.com/pod-product-compliance
Lightning Source LLC
LaVergne TN
LVHW020446230826
846091LV00004B/1569
9782013685887